Bibliografische Information der Deutschen Nationalbibliothek

Die Deutsche Nationalbibliothek verzeichnet diese Publikation in der Deutschen Nationalbibliografie; detaillierte bibliografische Daten sind im Internet über http://dnb.d-nb.de abrufbar.

e verlags gruppe engagement

Das Gesamtprogramm
von Butzon & Bercker
finden Sie im Internet
unter www.bube.de

978-3-7666-1302-8

5. Auflage 2015

Fotos: Ruth Rau
Umschlaggestaltung und Satz: Elisabeth von der Heiden, Geldern
Printd in China

Ruth Rau

Tröstlich

hast du mich berührt

Worte der Zuversicht

Butzon & Bercker

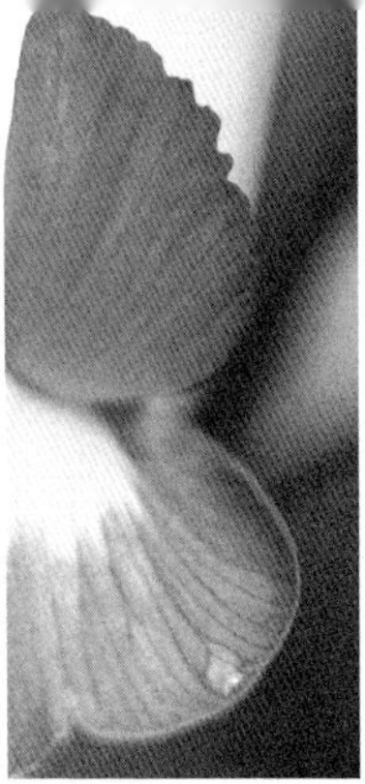

In Zeiten der Traurigkeit …

… kann man sich sehr einsam fühlen. Der Schmerz ist wie eine Isolierschicht, die uns von den anderen Menschen trennt. Während für andere das Leben weitergeht, scheint die Zeit stillzustehen für jemanden, der in Trauer versunken ist. Was andere erfreut, berührt ihn kaum. Von den Freuden des Lebens kann er sich wie abgeschnitten fühlen. Es muss schon eine besondere Berührung sein, die ihn zu erreichen vermag. Aber seltsam: Solche Berührungen geschehen auch. Viele Trauernde wissen davon zu berichten. Etwas Zartes hat uns gestreift, und die dunklen Wolken lichten sich. Vielleicht hat ein Engel uns berührt. Oder Gott hat einen tröstlichen Gedanken in unser trauriges Herz gesenkt. Manchmal ist es auch ein Mensch, der den Trost bringt. Unverhofft kommt er vorbei, und die Begegnung richtet uns auf. Engel haben vielerlei Gestalt. Jeder kann für uns zum Boten Gottes werden, manchmal ein Fremder, der uns nur anlacht oder die Tür aufhält. Tröstende Engel haben eine besondere Aufgabe. Ihre Botschaft lautet: Schau nicht zurück. Sieh nach vorne. Leben bedeutet mehr, als du jetzt wahrnehmen kannst. Es ist weiter, größer, an- ders. Habe Vertrauen. Das Leben wartet darauf, dir zu begegnen und dich zu berühren. Sei offen dafür, und du wirst Trost finden in deiner Traurigkeit.

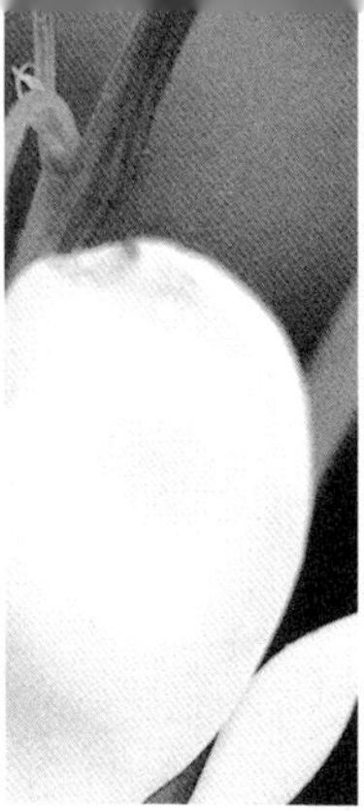

Wenn du

… sagst du schon Ja
zu den Tränen des Abschieds,
sagst du Ja zu Hoffnungen,
die sich nicht erfüllen,
zu Anfängen, die unvollendet bleiben.
Wenn du beginnst zu lieben,
sagst du schon Ja
zu den Schmerzen des Loslassens.
Wenn du beginnst zu lieben,
sagst du schon Ja zu jemandem,
der seinen eigenen Weg geht,
den du nicht halten kannst,
der sein eigenes Ziel hat.
Wenn du beginnst zu lieben,
sagst du schon Ja.

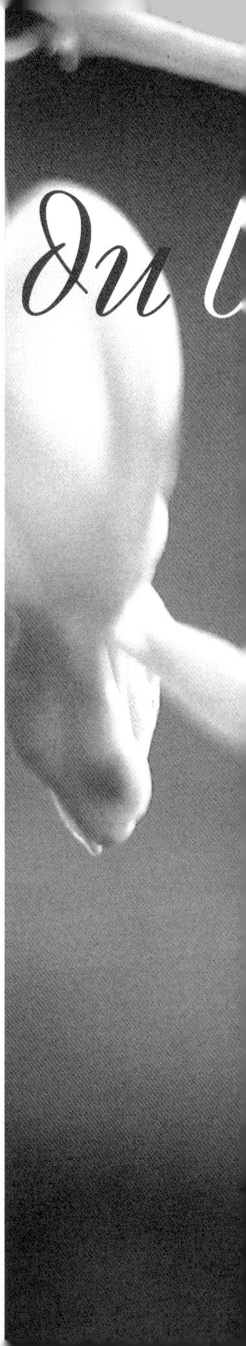

ginnst zu lieben…

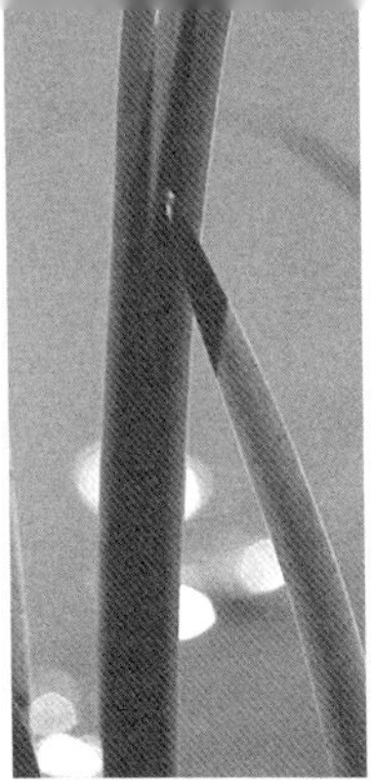

Zu früh

Wenn ein Mensch abberufen wird
aus dieser Zeit in die Ewigkeit hinein,
dann sagen wir manchmal: „Viel zu früh".
Aber ist unser Leben
nicht immer nur etwas „Begonnenes"?
Auch wenn wir alt werden,
bleibt vieles unvollendet.
Gott vollendet unser Leben,
ob es nun kurz war oder lang, erfüllt oder karg.
Er nimmt es in seine Hände und macht es ganz.
Dazu ist es nie zu früh und nie zu spät.

Nie zu spät

Es ist nicht leicht …

… einen Menschen loszulassen.
Wir hätten ihn gerne noch
bei uns behalten.
Aber in unserer Erinnerung
ist er lebendig.
Sein Lachen klingt noch
in unseren Ohren,
sein Bild ist in unserem Herzen.
Seine Worte begleiten uns.
Er ist in unserem Leben gegenwärtig.
Die Liebe, die uns verbunden hat,
sie hört nicht auf.

So unbeg

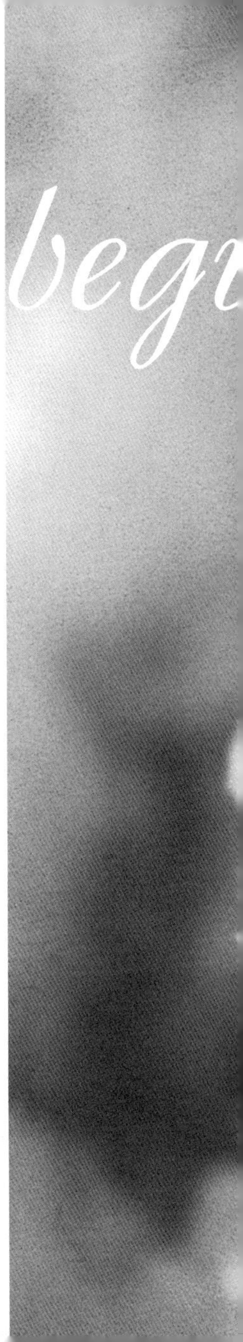

So schnell ist es gegangen.
So schnell kann ein Leben zu Ende sein.
Keine Zeit, Abschied zu nehmen
und noch einmal zu sagen,
was zu sagen wichtig gewesen wäre.
Wie Reif auf einer voll erblühten Blume
ist solch ein unerwartetes Ende.
Wir können es kaum fassen.
Mühsam versucht unsere Seele
zu begreifen, dass sich jedes Leben vollendet
und zurückkehrt in die Hand dessen,
der es erschaffen hat.

flich

Nichts geht verloren

Ein Herbstblatt löst sich leicht von seinem Ast.
Ein Mensch, der wie ein Blatt
vom Stammbaum seiner Familie fällt,
löst sich schwerer. Wir trauern um ihn.
Anders als ein Herbstblatt ist er unersetzlich.

„... und doch ist einer,
welcher dieses Fallen unendlich sanft
in seinen Händen hält."

(Rainer Maria Rilke)

Bei Gott geht niemand und nichts verloren.

Niemand und nichts

Niemand
und nichts

Alles wird neu

Wenn jemand mitten aus dem Leben gerissen wird,
kommt uns sein Lebenswerk unvollendet vor.
Dann trauern wir am Grab
auch um die ungelebten Möglichkeiten.

Aber mitten in unserer Trauer kann uns
die Stimme des Auferstandenen erreichen:
„Siehe, ich mache alles neu."
Und wir fühlen den Trost,
dass alles Unvollkommene
bei Gott vollendet sein wird.

Rose des Abschieds …

… mit deinem Stachel, der Tod heißt,
du schöne, schmerzliche Rose,
die du dich hingibst dem Leben,
dem Sterben in deiner Anmut,
im ewigen Licht.
Rose des Abschieds mit deiner Knospe,
die Hoffnung verspricht
über dein Vergehen hinaus.
Knospe, die aus dem Dunkel emporwächst,
einzige Hoffnung, verschlossen noch
wie eine Knospe der Rose.

Rose der Hoffnung

Rose der Hoffnung

Erfrorene Knospe,
ich bin mit dir traurig
über die ungelebten Möglichkeiten.

Wie weich der Schnee auch fällt –
er deckt die Lebensfreude zu,
doch wenn er schmilzt,
dann wird sich zeigen,
dass unter seinem Schutz
viel Liebes überdauert hat.

Wie wohl es tut,
dass dieser Regen
auf meine Trauer fällt
und alle Zweige mit mir weinen.

Bleib bei mir stehen, weil ich traurig bin.
Du brauchst nicht viel zu sagen,
weil es auch nicht viel zu sagen gibt.

Verlässt uns ein Kind

Manchmal verlässt uns ein Kind,
das den Ruf von drüben lauter
vernommen hat als die Stimme ins Leben.
Es schließt seine Augen
und taumelt davon wie ein Schmetterling,
taumelt zurück ins Licht
und lässt uns allein mit den Fragen,
ohne Antwort über den Sinn all des Begonnenen,
das uns unvollendet erscheint.
Lässt uns zurück mit einer Hoffnung,
die sich nicht erfüllte, einer Knospe,
die welkte, ohne zu blühen.
Lässt uns zurück und lehrt uns,
dass die Antwort auf unsere Fragen
manchmal nur heißen kann: Ja.

Wie ein Schmetterling

Ein Ort zum Trauern

Wohin kann ich gehen mit meiner Trauer?
Wo kann ich ungestört den Erinnerungen nachhängen?
Wo kann ich noch etwas Liebes tun
für einen Menschen, den ich verloren habe?
Es ist gut, dass es Orte gibt für unsere Trauer.
„Friedhöfe" nennen wir die Orte, an denen
unsere Verstorbenen ihre letzte Ruhe finden.
Wir wissen sie dort in Frieden.
Wir wissen sie bei Gott in Frieden.
Und mit der Zeit können auch wir
dort unseren Frieden finden.
Die Blumen auf dem Grab zeigen uns:
Das Leben geht weiter.

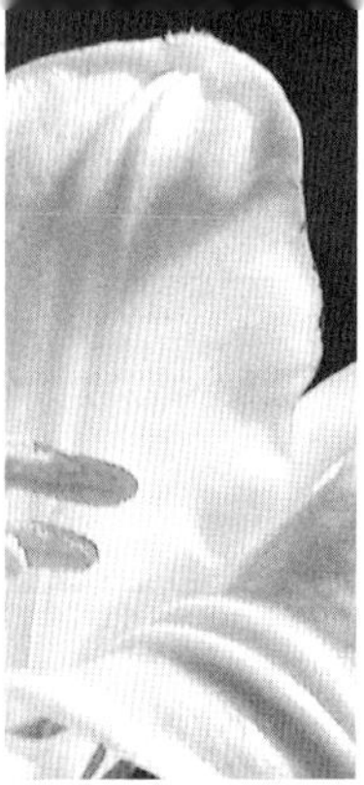

Vollendet

Eine vollendet schöne Blume.
Dass sie welken und vergehen wird,
stellt ihre vollkommene Schönheit
nicht infrage. Sie ist geworden zu dem,
was sie sein sollte.
Sie hat ihr Ziel erreicht.
So ist es auch mit dem Menschen,
von dem wir Abschied nehmen:
Er hat sein Ziel erreicht.
Er hat sein Leben vollendet.
Was unvollkommen geblieben ist,
wird Gott in seiner Gnade verwandeln
und vollenden.

Verwandelt

Verwandelt

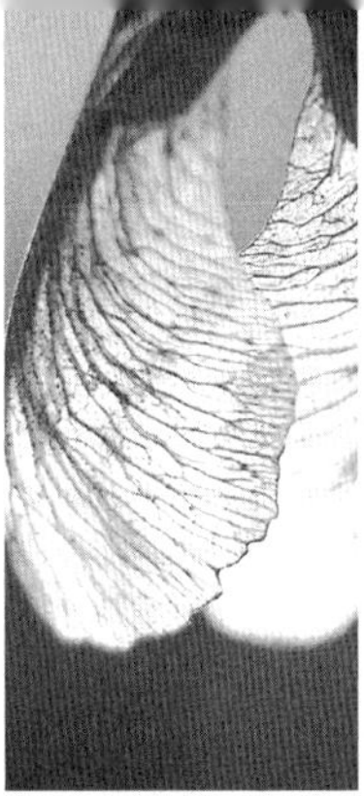

Liebe trägt Früchte

Manchmal wird erst mit dem Ende
eines Lebens sichtbar,
was ein Mensch bedeutet hat.
Das Wesentliche hat im Verborgenen geblüht.
Nun spüren wir, dass seine Liebe
Früchte getragen hat.
Wir können von seiner Lebensweisheit ernten.
Ihn selber müssen wir loslassen.
Aber was er uns weitergegeben hat,
macht unser Leben reich.

Beim Namen gerufen

Ein Mensch ist abgerufen worden aus dieser Welt. Er ist dem Ruf Gottes gefolgt, der mächtiger wirkt als alle menschlichen Worte. „Heimgerufen", sagten unsere Vorfahren und erinnerten daran, dass diese Erde nicht unsere endgültige Heimat ist. „Heimgerufen" – es liegt viel Trost in diesem Wort.

„Ich habe dich bei deinem Namen gerufen", das gilt aber auch für uns, deren Zeit auf der Erde noch nicht abgelaufen ist. Gott spricht auch uns an. „Ich will dich trösten", sagt er uns zu, „denn du bist mein. Fürchte dich nicht."

Heimgerufen

Heimgerufen

Nach

Ich wünschte, du könntest noch einmal hören,
wie ich deinen Namen rufe,
mit bebender Stimme.
Ich wünschte, du könntest noch einmal
mir in die Augen sehen,
die jetzt mit Tränen gefüllt sind.

Manchmal wünsche ich auch,
ich könnte dir einfach folgen
und müsste dem Schmerz nicht standhalten.

Einmal wird auch mir der Ruf gelten,
und dann werde ich sein, wo du bist,
umfangen von Liebe und ohne Traurigkeit.

Ruf

Am Ende ...

... lässt jeder Mensch
alles Irdische zurück.
Nicht die Dinge
haben seinem Leben Sinn gegeben,
sondern die Liebe,
die er empfangen und ausgeteilt hat.
Sie bleibt uns.
Wir bleiben nicht
mit leeren Händen zurück.
Und was unserer Liebe gefehlt hat,
vollendet Gott
mit seiner unendlichen Liebe.

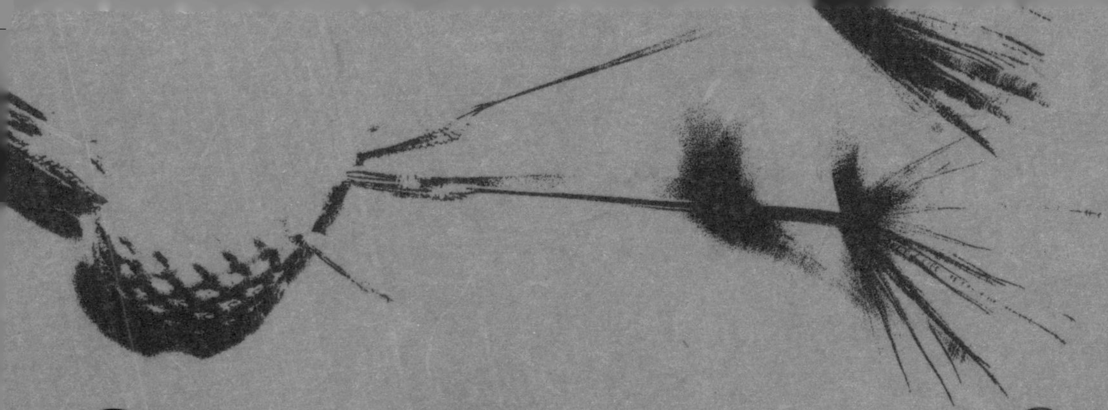

Unendliche Liebe

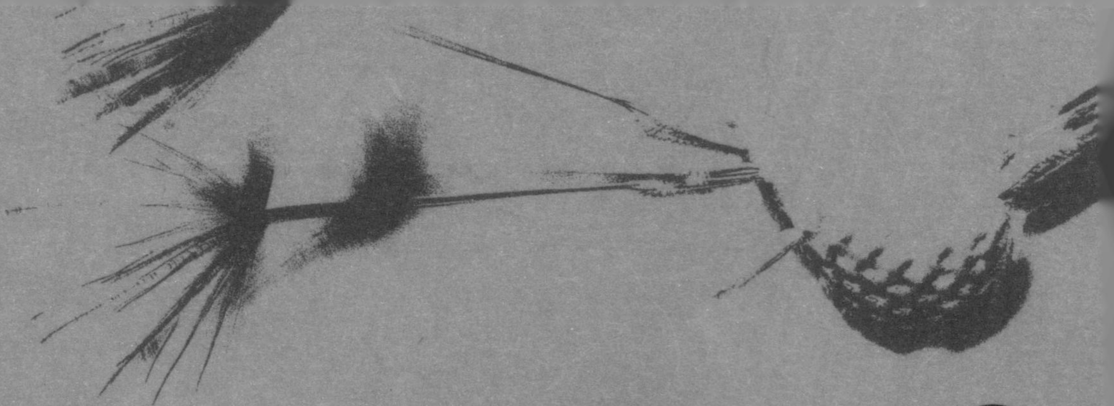

Unendliche Liebe

Transpare

Manche Menschen werden in ihren letzten
Lebenswochen wie transparent.
Es wird sichtbar, dass ihr Körper
keinen Bestand hat.
Aber es beginnt etwas durch sie hindurch-
zuschimmern, das nicht von dieser Welt ist.
Gott ist Licht, und es ist unsere Berufung,
in dieses Licht einzugehen,
wenn wir unser irdisches Leben
vollendet haben.
Alles Schwere und Dunkle wird dann
hinter uns zurückbleiben.
Etwas strahlend Neues beginnt.

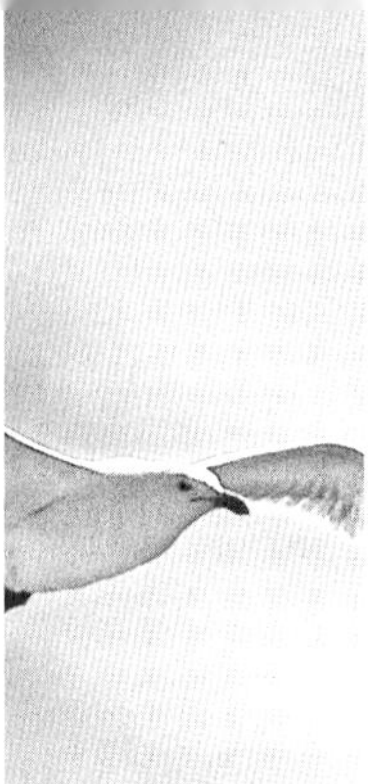

Liebe hat keine Grenzen

Am Grab eines geliebten Menschen
fühlt sich unsere Seele verwaist.
Es hätte noch so viel zu sagen gegeben,
aber seine Ohren hören nicht mehr.
Seine Augen sehen nicht die schönen Blumen
und den Stein zu seinem Gedächtnis.
Es scheint, als würde unsere Liebe
ins Leere greifen, und das schmerzt uns.
Aber nach einiger Zeit wird es sein,
als ob der Verstorbene unseren Blick
auf Menschen lenken will, die noch bei uns sind.
Als wollte er uns sagen: „Lass die Liebe,
die du mir zugedacht hast, nun ihnen zukommen."

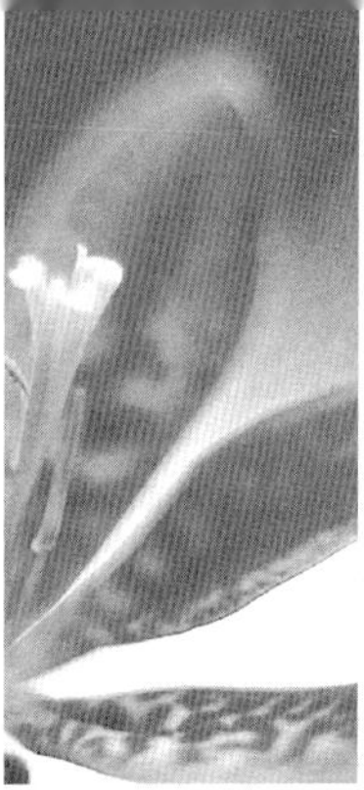

Danke

Für die Abschiede im Leben habe ich ein Wort
entdeckt, das meine Blickrichtung wandelt.
Es heißt: Danke!
Wenn wir einen geliebten Menschen in die Erde
betten müssen, spüren wir Schmerz, weil etwas,
das uns wertvoll war, zu Ende geht.
Aber wir brauchen nicht immer im Schmerz
zu verweilen. Wir können auf das schauen,
was wir Wertvolles bekommen haben:
Jahre gemeinsamen Lebens, Stunden voller Glück,
Liebe, Nähe, Vertrauen. Das bleibt uns.
Wenn wir dankbar darauf schauen,
wird sich uns wieder Zukunft eröffnen.

So wertvoll

Angeknotet

Wenn ein Mensch stirbt, dann reißt immer der Lebensfaden ab – auch wenn Nachkommen da sind, die sein Erbgut weitergeben: Jeder Mensch ist unersetzlich und hinterlässt eine Lücke. Was wir mit ihm erlebt haben, werden wir so mit keinem anderen erleben. Auch wir Trauernden kommen uns wie vom Leben abgeschnitten vor.

Aber wenn wir genug getrauert haben, sollten wir uns auch wieder dem Leben zuwenden. Uns wieder anknoten lassen an den Lebensfaden. Kontakte zu anderen aufnehmen. Den Blick lenken auf die Menschen, die noch da sind. Denn es sind genug Tränen geweint worden.

Gott, der uns in den Zeiten unserer Trauer begleitet, wird uns auch zeigen, wann es Zeit ist, sich wieder dem Leben zuzuwenden. Er wird uns wieder anknoten an den Lebensfaden, denn bei Gott reißt dieser Faden nicht ab. Er hat sich bis in Ewigkeit mit uns verbunden.